SOMMATION

FAICTE

A MESSIEVRS

DE LA RELIGION

Pretendue Reformée,

A PARIS,

Chez Isaac Mesnier, ruë S. Iacques,

1620.

Auec Permission.

DEffence sont faicte à tous Marchands Libraires, Imprimeurs, & Colporteurs, & generallement à toutes aultres personnes de quelque qualité & condition qu'ils soient, de vendre ny distribuer du present traicté, intitulé *sommation faicte à Messieurs de la Religion pretendüe Reformée*, sinon que de celle que aura faict Imprimer Isaac Mesnier, marchand Libraire, pendant le temps d'vn an, sur paines de cent liures d'amendes, confiscations des exemplaires, & par corps, nonobstant oppositions ny appellations quelconques, comme plus emplement porté par ladicte Permission & Deffence. Faict à Paris le 7. Mars. 1616. Signé,

Fu. DE HESMES.

SOMMATION

FAICTE

A MESSIEVRS

De la Religion pretenduë reformée.

MESSIEVRS, Tout ce qui est au Monde a peu vn bien, & tēd à vne fin derniere, à laquelle il tache selon tout son pouuoir de paruenir : & y estant arriué se repose, la fin & dernier but de tous les Chrestiens, est d'estre sauué, & iouyr de la felicité Eternelle. Si la beatitude est nostre bien, & fin derniere, tous les traicts de nos cogitations ne doiuent auoir autre visée que la recognoissance de la

vraye Religion, & d'executer les
commandemens de nostre Roy,
c'est à quoy Messieurs ie vous semot
& vous conuie, (comme personne
qui est l'vn des affectionné pour le
salut de vos ames) car cela doibt é-
stre l'Aymát vers lequel toutes les
bousolles de nos penfées doiuent
regarder. Et iaçoit que mille mou-
uemens de tribulation, renuersent
bien souuent sans dessus dessoubs,
le Cadran de nostre vie.

Toutes fois apres que nous só-
mes rassis dans le coy serain de nos
cogitations, l'aiguille de nos cóm-
portemés, doibt toussours retour-
ner vers le roc de cé repos Eternel.
Or comme lé fer à vne grande sim-
pa ie auec l'Aimant qui il à vne fois
touché: de mesme il y a vne estroi-
te conuenance entre l'homme & la
beatitude Eternelle, Par ce qu'il n'y

à personne qui ne desire estre bien
heureux, Et la beauté de c'est Pene-
loppe est souhaits, & halaines tant
des beaux que des laids. Car soit
que nous soyons gens de bien ou
méchans, comme dit S. Augustin
nous voulons estre bien heureux.
*Siue bené, siuc malé, viuamus beati esse
volumus:* le pris de c'est vie eternelle,
s'apprend par la comparaison de só
contraire, ceux qui ayment la vie
temporelle : & qui pensent batir vn
ferme Paradis sur la tremblant des
bombances mondaines : quand la
mort vient, il n'y à rien au monde
qu'ils ne donnassent à vn qui diroit,
Je m'en vois mourir pour vous, s'il y à
quelque similitude entre la Terre &
le Ciel : entre le souuerain bien &
l'aparent, entre vn moment de
temps & vne eternité, conferrez l'é-
xellence de la beatitude, & iugé s'il

A iij

y à chose tant dehors dedans
l'hóme, qui ne doiuēt perdre pour
la gaigner, & richesses qu'ils ne doiuent vendre pour l'acheter.

Le chemin (Messieurs) qui con-
duit à c'est felicité est l'Eglise Catholique Apostolique & Romaine: &
la clef de sa porte est la Foy, c'est dás
c'est Arche qu'il faut s'enfuir ce pé-
dant que les ondes de ce deluge
mondain tombent, c'estoit dans
Hierusalem qu'il failloit sacrifier &
bien faire, on ne peut ouurer au
gré de Dieu que dans coste bouti-
que, c'est le Nauire sainct Pierre,
dans lequel il faut s'ebarquer pour
éuiter le nauffrage de ces mers ter-
riennes, & paruenir au degrez des
celestes: car on ne peut estre sauué
qu'en icelle.

Lors que dessus de si salutaire só-
mations i'attriste ma pensée, vn S.

zelle de charité me faict sangloter
& déplorer la calamité de vous au-
stres messieurs, qui plutost pour vostre liberté, que par certaine science
estes sortis de c'est Eglise, & tous les
iours à forces de rames & de voylle
tendez au gouffre & précipice de
damnation, si Dieu ne vous faict la
grace de vous recognoistre, & obeir
à ces saincts commandements, & à
ceux de nostre Roy.

518. Thomas ce me semble accom-
pare vostre heresies à vne belle fille,
qui commence à faire banque toute à son honneur, pour se prostitu-
er & ouurir la porte à toutes inpu-
dicités, au commencement vn chacun la caresse, il n'y a filz de Belial
ou débauché qui ne veillent iouyr
de ses amiables priuautés, & cueil-
lir sa part des fruicts de só Printeps,
mais apres qu'elle est deuenuë có-

mune & vieilles, chacun la quitte &
à honte de la voir. [...]

Ainsi (Messieurs) vostre Heresie
au commencement estoit c'este pi-
peuse farde qui deceuoit vn chacū
tout le mōde couroit apres les cour-
riers de c'este putain. mais main-
tenant qu'elle à trop couru l'esguil-
lette, les rides apparoissent, le fard
de la fausse apparence est tōbé, il
vous la faut quitter la (Messieurs) &
cherir la legitime espousse l'Eglise
Catholique Apostolique &Romai-
no, de laquelle la beauté est inco̅p
parable, & qui ne peut estre atainte
par le hasso des anay [...]

Vous me diréz (messieurs) que
vous estes l'Eglise, c'est vostre rais-
ponce commune, ce n'est assez de
dire, il la faut prouuer auec verité,
ce point iest de remarqué, disputós
amiablement, [...]

vray

vray Eglise est d'estre *Catholique* ou
Vniuerselle : Or c'est marque n'est
point vraye si elle n'a ces 3. circon-
stances, *Tenuë de tous temps, receuë en*
tous lieux, & creuë de tous les hommes.
Vincentius l'yrennensis contre les
Nestoriens, qui disoient qu'ils e-
stoient l'Eglise, comme vous (messieurs) en son liure contre l'heresie
dit, *Croyons en l'Eglise Catholique, ce*
qui à esté creu, par tout, tousiours &
de tous, *Et alors nous ferons cela, si nous*
suiuons l'vniuersalité, l'antiquité : & le
consentement vniforme.
　Or il n'y à que l'Eglise Romaine
qui à ces 3. marques : elle est donc
la vraye eglise, de laquelle tous ceux
qui en sont separez sont perdus cô-
me membre retranché de leurs
tronc, le sens du sainct Esprit ne
donne la vie vegatiue qu'à cest
arbre verdoyár de l'Eglise Catho-

lique Apoſtolique & Romaine.

Ie vous déplore (Meſſieurs) en vne choſe, en ce que pericle-tant de voſtre ſalut ſi ne reuenés à recipiſence, vous perdez le fruict de toutes vos œuures, vous ſerés cóme le Sault, qui pert ſon fruit auant que d'eſpanouir.

Cela m'incite (Meſſieurs) de vous prier par cette humble Sommatió Chreſtienne de ne doubter plus & de vous garder que l'on ne vous face l'ancien reproche, & qu'il ne vous aduienne comme aux anciẽs Philoſophe, qui pour auoir trop diſputé, ont perdu la verité.

Faictes diuorce irreconſiliable auec ceſt pernicieuſe concubine, qui vous à tant abuſez, reiettez là auec autant de meſpris & de deſdain, comme vous luy auez portez d'honneur & de reuerence,

II

Croyez, croyez (Messieurs) les do-
ctes enseignements qui vous sont si
liberallement donnez par ceux que
ceste Eglise militante a reseruez
pour ce faire, a celle fin de vous o-
ster la toille qui scille vos yeux, &
vous empesche de recognoistre le
flambeau de la verité.

C'est pourquoy (Messieurs) ie
vous somme & vous coniure tres-
humblement, par les merite de ce-
luy qui a respandu son sang en l'arbre de la Croix pour nous sauuer,
que dorénauant de recognoistre
qu'il n'y a qu'vn Dieu, qu'vne Foy,
qu'vne Loy, qu'vn Roy, *& par con-
sequent qu'vne Religion*, & de vous re-
presenter ce que dit vn Ancien Phi-
losopho que l'authorité & la gran-
deur de nostre Roy, est si grande
que sa vertu la esleué par dessus la
condition humaine, & est compa-

rable aux Dieux, en ſurmontant les
autres hommes ainſi que Dieu ſur-
monte les Eſprits celeſtes.

Pour cela Homere nomme ſou-
uent les Roys & les Princes enfans
& nouriſons de Iupiter , & Dioto-
genes diſciple de Pitagoras, le Roy
(dit il) eſt ainſi en terre, que Dieu
eſt au Ciel, pour commander ſur les
Peuples, car il repreſente Dieu icy
bas, & eſt ſon Image.

Puis il adioute que la dignité
Royalle eſt choſe diuine, offuſquát
de ſa ſplendeur la veuë de tous, de
tous autres ſinon des princes legiti-
mes, comme le Soleil ebloüit le re-
gard de tous les autres oyſeaux, ſinon de l'Aigle ſeul. Auſſi l'Eſcriture
ſaincte à appellé Dieux les Rois &
les Princes & les grands Iuges, Dieu
s'eſt aſſis (*Pſal.* 82.) en la ſemblée
des Dieux iugeát les Dieux en icelle,

quand cesserez vous de iuger vni-
quement ? & de rechef: ie leur ay
dict vous estes tous enfans du Souuerain.

Donc l'Autheur comande d'ho-
norer & obeir, apres Dieu aux Rois
& au Princes non seulement, mais
aussi de sacrifier pour leur salut san-
té & prosperité à leurs genies, ou a
leurs Anges conseruateurs.

Voila donc (Messieurs) le dire de
cet antié philosophe, & sera il pos-
sible que vous & moy ferons le cô-
traire, qui deuons estre encore plus
illuminez que tous ces antiés, non
non messieurs quittez au nom de
Dieu ces vieilles heresie qui vous
ont tant par le passé si souuent abu-
sez, & courez au giron de cette E-
glise vniuerselle, la vraye espouse
du Sauueur de nos ames a tant que
nous sommes, qui vous a rent a mi.

sericorde les bras ouuerts, & en a-
pres estnat conioincts tous ensem-
ble en vne mesme Foy & Religion,
obeissons & respectons tous vnani-
mement son Filz Aisnez nostre tres-
chrestien & tres-debonaire R O Y
L O V I S XIII. ne luy donnons
sujet de se courouser contre nous,
montrons nous enuers sa Majesté
enfans d'obeissance, puis qu'il nous
est dónez de Dieu pour nostre R O Y
& Superieur, & pour nous commã-
der, & nous icy bas pour luy obeïr
& respecter, mesme pour perdre
nos vies & nos biés pour só seruice.

C'est à quoy messieurs ie conclus
c'est amiable Sommation, priant
Dieu de tout mon cœur de vouloir
par sa saincte grace vous oster le
voylle qui vo⁹ scille les yeux & vous
empesche de voir le vray flambeau
& la lumiere de verité finissant mes

prieres pour vos santés heureuse &
longue vie, car cela estant ie m'asure
que Dieu vous fera la grace de vous
recognoistre, & rentrer au bon chemin, demeurant toute ma vie.

Messieurs,

*Vostre tres humble & tres affectionné
Seruiteur en Jesus-Christ,* I. DE
BEAVVOY. *Theologien.*

De Paris ce 2. Mars 1620.

[illegible]

Imprimé à Paris. 1620.

[illegible]